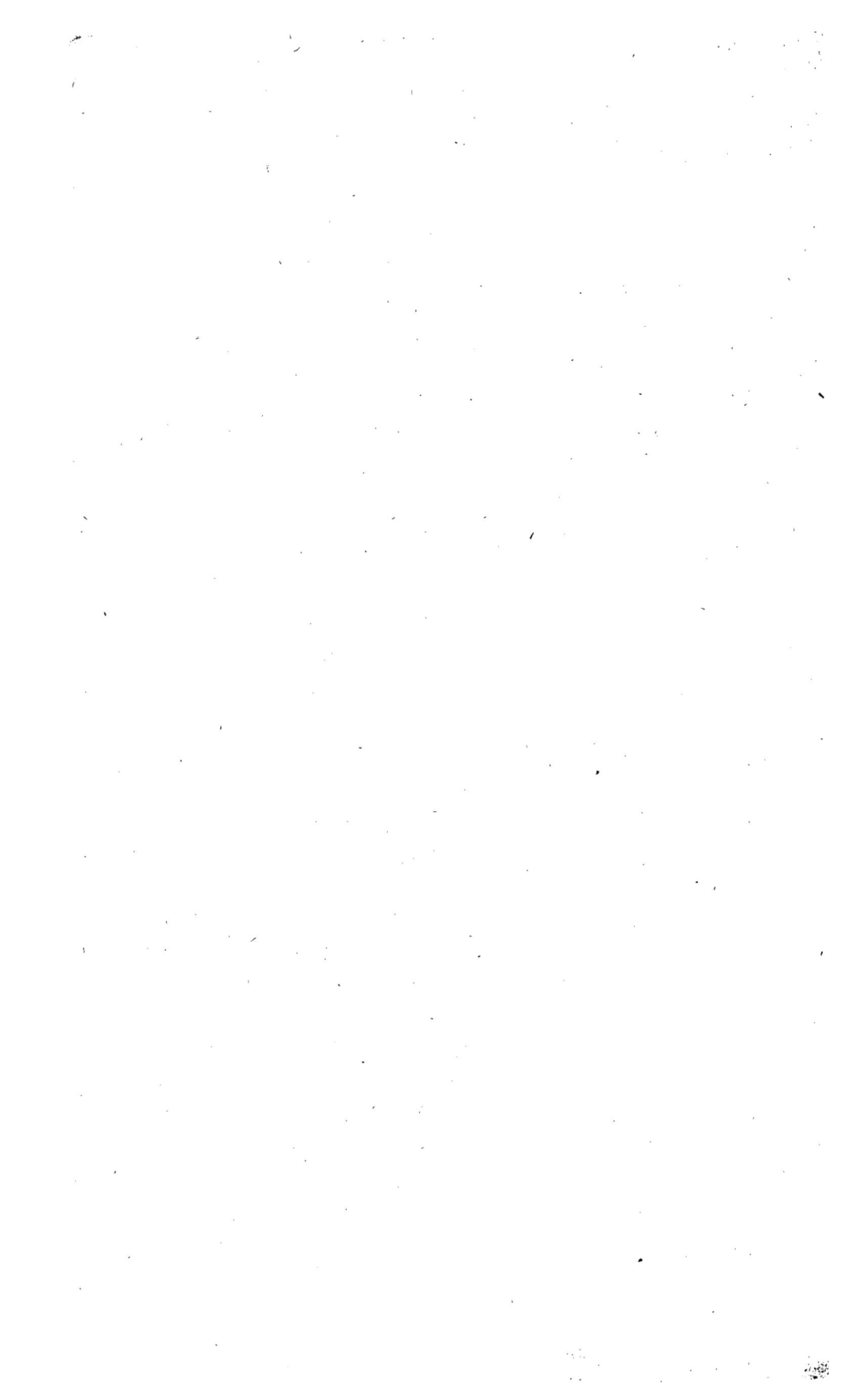

UN MOYEN D'ASSURER

LA

CONQUÊTE DE L'ALGÉRIE,

AUQUEL

ON N'A PAS ENCORE PENSÉ,

PAR M. LE Dr. AUDOUARD,

ANCIEN MÉDECIN PRINCIPAL D'ARMÉE, OFFICIER DE L'ORDRE ROYAL DE LA LÉGION-D'HONNEUR, DÉCORÉ DES ORDRES ROYAUX DE CHARLES III ET DE SAINT-FERDINAND D'ESPAGNE, ENVOYÉ EN AFRIQUE A L'OCCASION DU CHOLÉRA, EN 1835.

Le travail et la science sont désormais
les maîtres du monde.

Paroles de M. le comte de Salvandy, à la distribution des
prix du grand concours, le 12 août 1846).

PARIS,

IMPRIMERIE D'ÉDOUARD BAUTRUCHE,

RUE DE LA HARPE, 90.

—

1846

UN MOYEN D'ASSURER

LA

CONQUÊTE DE L'ALGÉRIE,

AUQUEL

ON N'A PAS ENCORE PENSÉ.

Lorsqu'une nation est poussée à faire des conquêtes soit par humeur belliqueuse, soit parce que sa population exubérante fait effort contre ses frontières et demande à s'étendre, elle doit être dirigée par des hommes qui aient la connaissance des temps, des lieux et des moyens. Telle politique qui a favorisé la conquête dans un temps, a échoué dans un autre ; et après qu'un pays a été réduit par la force des armes, si l'on veut s'y maintenir, si l'on veut le soumettre et le garder, il est plus d'un moyen à mettre en pratique. Mais de ces moyens quel est le bon ? Voilà la question.

L'histoire nous apprend bien comment opéraient les grands conquérants dont elle nous a transmis les noms. Le fer et le feu étaient leurs puissants auxiliaires, et l'esclavage était réservé aux vaincus qui avaient échappé au massacre ou à l'incendie; en un mot on faisait table rase d'habitants, après quoi il était facile de dominer dans le pays. Mais c'était là de la barbarie; dans ces temps déjà fort éloignés de nous, la guerre n'avait pas d'autres règles, d'autres coutumes.

Plus humains, plus civilisés aujourd'hui, les peuples vainqueurs, satisfaits de la part que la fortune leur donne, tendent aux vaincus une main bienveillante, et le jour d'une sanglante bataille est le plus souvent la veille d'un traité de paix et d'amitié. C'est là surtout ce qui arrive dans les guerres entre souverains; il n'en est pas de même des guerres nationales; de nos jours l'Espagne en a fourni un grand exemple. Couverte de nos troupes et privée de ses places fortes, elle continua la guerre, et Dieu sait quelle guerre! j'en ai été témoin, j'en ai vu toutes les horreurs. Les mêmes événements ont lieu en Algérie, et les mêmes malheurs nous y attendent si l'on n'avise pas aux moyens qui peuvent rendre notre conquête durable. Ces moyens sont de deux sortes. Les uns tirés de la force, les autres de la civilisation.

La force a été employée, non point cruelle et barbare, mais tacticienne et protectrice; et si quelquefois elle répandit du sang, ce ne fut que pour venger des cruautés que les coutumes de la guerre n'approuvaient pas. On est

conduit bien souvent à corriger des inhumains en leur
faisant éprouver les rigueurs de l'inhumanité même.
Mais sur qui s'étendait la protection ? Sur des tribus qui
tout en se reconnaissant vaincues et soumises n'en con-
servaient pas moins un profond ressentiment, et le désir
de se soustraire à notre domination à la première occasion. La foi punique doit être d'autant plus suspecte,
que les leçons de l'enfance et la religion ont appris
aux indigènes à nous haïr et à nous combattre sans
cesse. L'événement l'a prouvé ; le retour d'Abd-el-Kader
a été signalé par le soulèvement des tribus qui avaient
donné des gages de leur dévouement à la France, et la
même chose arriverait si nous étions obligés de retirer
nos troupes pour parer à d'autres événements sur le con-
tinent. Pour conserver l'Algérie par les moyens mis en
pratique jusqu'à ce jour, nous serons donc obligés de la
couvrir continuellement de troupes et d'y dépenser
beaucoup d'hommes et d'argent. On a cru réduire les indigènes à l'impossibilité de nous nuire en les privant de
leurs armes, de leurs chevaux et de leurs troupeaux ;
mais ils trouvent facilement à remplacer tout cela. Il n'en
serait pas de même si on leur enlevait ce qu'ils ne peuvent remplacer, ce à quoi ils tiennent par les liens de la
nature, en un mot, leurs enfants. Tel est l'unique
moyen de les civiliser et de les soumettre. Je vais m'ex-
pliquer.

Il y a longtemps que j'ai émis cette idée : elle est con-
signée dans une lettre que j'adressai à M. le président du

ministère, le 15 mai 1840, lettre restée sans réponse comme sans effet. Alors je proposais d'établir dans une des principales villes du midi de la France, un collège spécial pour les fils des chefs et des principaux fonctionnaires des tribus algériennes. La formation de ce collège aurait eu pour but de donner à ces jeunes gens une éducation qui les initiât à notre langue, à nos lois et à notre politique pour en faire des instruments de notre domination dans l'Algérie. En indiquant une ville de France, j'avais en vue aussi d'attirer les pères de ces jeunes gens sur notre sol, pressés qu'ils seraient du désir de visiter leurs enfants. Je pensais que dans ces voyages se mêlant avec nous et se familiarisant avec nos coutumes, ils perdraient de la rudesse de leurs mœurs, et que trouvant dans les populations des villes plus d'aménité que dans les hommes de guerre avec lesquels ils avaient été mis en contact dans leur pays, ils connaîtraient mieux le caractère français et sympathiseraient mieux avec lui. Voilà ce que je considérais comme un moyen efficace d'étendre la civilisation dans un pays dont les mœurs sont si différentes des nôtres, et dont nous voulons nous attacher la population.

On a prononcé souvent le grand mot de civilisation à propos de l'Algérie, et l'on a peu fait pour atteindre ce but. Ce n'est pas en y constituant une administration française dans le plus grand complet, ou bien encore en y plaçant des tribus européennes (des villages nouveaux) à côté des tribus algériennes qu'on y parviendra. Les mœurs simples des indigènes n'ont rien à gagner dans le voisinage de ces populations nouvelles, dont les mœurs ne sont pas toujours dignes d'être imitées. Il y a à cet égard un tel contraste, que la fusion des deux nations se fera attendre longtemps. Le moyen qui d'ordinaire opère cette fusion chez les autres peuples, est impraticable pour le moment; je veux parler des mariages. Mais puisque l'on n'a rien à attendre de ce lien des cœurs, de ce moyen de rapprocher des familles incompatibles, on doit aussi ne pas compter là-dessus pour la fusion des deux nations, à moins qu'on ne renouvelle un jour les jeux qui donnèrent des femmes aux Romains aux dépens des Sabins.

Mais j'ai déjà indiqué un autre moyen de tenir par le cœur les chefs et les principaux des tribus. Lorsque je proposais, en 1840, d'établir dans le midi de la France un collége pour leurs fils, la ville d'Alger n'était pas pourvue des institutions qu'elle a reçues depuis lors. J'écrivais sous l'inspiration de ce que j'avais vu en 1835 et 1836, lors de ma mission contre le choléra.

Aujourd'hui cette ville offre beaucoup de ressources pour l'instruction. Elle a, de plus, une localité bien trouvée pour le collége, savoir: la Casba, ancienne habitation du Dey, qui jusqu'à ce jour n'a été qu'une caserne, parce que, quoique dans l'enceinte des murailles, elle est située trop loin du centre de la population européenne et des administrations. Je vais examiner par quel

moyen, et dans quel but on réunirait dans ce lieu l'élite de la jeunesse algérienne.

Le moyen paraîtra fort simple et fondé en droit. La guerre a ses exigences et demande des garanties pour cesser d'être hostile. Chez les peuples civilisés un pacte signé est une garantie suffisante. Il n'en est pas de même lorsqu'on traite avec des peuples barbares ou à demi barbares. A ceux-ci on demande des otages que l'on prend d'ordinaire dans les familles royales ou princières. En Algérie le vainqueur n'a-t-il pas le même droit. Lorsque Abd-el-Kader reparut dans ce pays, les tribus déjà soumises ne se seraient pas prononcées pour lui, si les fils des chefs avaient été entre les mains des Français à Alger. Une telle réunion serait même la meilleure sauvegarde de cette importante place. Il faudrait donc qu'on y réunît les fils des chefs des tribus depuis l'âge de douze ans jusqu'à vingt. Ils y seraient élevés dans la religion de leurs pères, et apprendraient à parler notre langue qu'il nous importe de répandre parmi eux, autant que nous trouvons utile à notre politique de faire apprendre l'arabe à beaucoup des nôtres (1). Ensuite certaines sciences

(1) On ne saurait trop se persuader combien la langue du vainqueur en se répandant chez les peuples soumis sert à les rendre dociles et à les civiliser, combien même ils sont désireux de l'apprendre, car ce besoin naît des relations forcées ou bienveillantes qui s'établissent nécessairement entre les deux peuples. Le langage est le seul moyen de transmettre et d'échanger la pensée et les sentiments. Aussi doit-il être considéré comme l'élément et le plus puissant moyen de

physiques; la géographie, l'histoire et la connaissance de
nos lois, seraient les objets principaux de l'enseignement
qui leur serait donné. Ils seraient servis par des domes-
tiques désignés par leurs parents, et un comité ou con-
seil du collége, composé d'un petit nombre d'indigènes
et présidé par un des premiers fonctionnaires français,
aurait la haute surveillance de cet établissement.

Les avantages qu'il produirait sont incalculables ; on
peut les considérer sous deux points de vue. 1° Ceux qui
profiteraient aux indigènes. 2° Ceux que nous en retirerions.

1° Pour les indigènes, des mœurs plus douces succé-
deraient à celles qui les font classer parmi les peuples
non civilisés. La connaissance de nos codes leur montrant
la versatilité des règles et des usages qui les régissent,
leur ferait mieux sentir l'arbitraire des hommes qui leur
en font l'application. Avec des connaissances plus éten-
dues dans les sciences et dans l'histoire, les chefs exer-
ceraient sur les populations qu'ils seraient appelés à régir,

civilisation. Ne pas répandre notre langue chez les indigènes de l'Algérie, c'est entretenir la barrière qui nous sépare d'eux. Combien de
fois, soit en Allemagne, soit en Russie, n'ai-je pas déploré de ne rien
comprendre au langage des habitants, tandis que j'étais heureux en
Italie et en Espagne dont la langue m'était connue, ce qui me permet-
tait d'entretenir avec les habitants des relations de société et d'amitié
qui ne tardaient pas à faire taire les sentiments hostiles et à les remplacer par ceux qui devraient animer tous les êtres de la grande famille des humains, pour n'en faire qu'un seul et même peuple.

l'empire que le savoir a toujours obtenu sur l'ignorance.
La prééminence même que le vulgaire leur accorderait, à
raison de leur mérite, serait un stimulant pour les hommes de la classe moyenne; et l'émulation qui chez ces
mêmes hommes se borne à exceller dans le maniement
des armes et à dresser un cheval fougueux, se porterait
vers l'exercice des facultés intellectuelles au détriment
même des exercices du corps. L'ambition de savoir ga-
gnerait successivement toutes les classes, et les lois de
l'humanité, mieux appréciées, introduiraient la pratique
du droit des gens chez ce peuple jusque là barbare à la
guerre et cruel envers ses prisonniers. Il ne faut pas se
faire illusion : l'enfant de l'Algérie conservera et perpé-
tuera les mœurs de ses pères, si, de bonne heure, on ne
lui en donne d'autres. La sollicitude que la France
montre pour l'éducation de ses propres enfants, en vue
d'en former des citoyens qui s'identifient avec les institutions sociales, doit s'étendre à la jeunesse de l'Algérie,
afin que cette contrée ait un jour les mœurs qui doivent
lui mériter d'être admise dans notre grande famille. L'é-
ducation seule peut faire disparaître la distance morale
qui nous sépare de ce peuple, et diminuer son fanatisme
en éclairant sa raison; en un mot l'Algérien ne sera jamais
Français, tant qu'on ne l'aura pas façonné de bonne
heure à cette initiation, à cette assimilation.

2° Les avantages que nous retirerions de cette éducation seraient d'atteindre le but que l'on s'est proposé par
la conquête de l'Algérie, celui, après avoir détruit la

piraterie, d'agrandir le domaine territorial de la France, et d'y porter à peu de frais, et sans les risques d'une longue navigation, l'excédant de notre population. Mais cette conquête ne sera définitive que lorsque nous aurons procuré un paisible séjour aux colons. Or, les armes seules ne peuvent donner cette sécurité. La distribution d'une partie du sol faite à des groupes d'Européens que j'appelle, pour le moment, tribus européennes, sera provisoire et précaire tant qu'on n'aura pas appris aux indigènes à respecter la propriété assignée aux nouvelles tribus. Ce respect dû aux propriétés d'autrui est d'autant plus difficile à obtenir en Algérie, que la communauté des biens y était d'un usage assez généralement répandu ; et tel Algérien qui se dit aujourd'hui le propriétaire d'un champ, n'en a jamais eu le titre. Cet abus a donné lieu à diverses ordonnances, particulièrement à celle du 21 juillet dernier. Aussi, après avoir imposé ce respect par les armes, faut-il l'y perpétuer par les moyens moraux, par l'autorité des lois. Or, comment exiger l'obéissance aux lois, de ceux qui ne les connaissent pas. L'éducation des chefs peut seule conduire à ce résultat ; et là, plus que partout ailleurs, les chefs conduisent les masses. De cette garantie donnée aux propriétés viendront toutes sortes de biens. De nombreux colons s'attacheront au sol, et réunis en garde urbaine, pouvant le défendre, ils ne réclameront le secours de la force militaire que dans des cas fort rares. Du temps du Dey la troupe, cantonnée dans les villes, n'en sortait

que pour rétablir l'ordre dans les tribus, ou pour la per-
ception des impôts. On peut espérer qu'il en serait de
même si, par l'instruction des chefs, on parvenait à in-
troduire dans ce pays nos lois protectrices de la propriété ; car il faudra bien en venir là, si l'on veut conserver cette conquête. De la sûreté et de la garantie de
la propriété découlent les progrès de l'agriculture, d'a-
bondantes récoltes de céréales, la culture de l'olivier,
du mûrier, du coton et d'autres précieux végétaux que
le climat refuse à la France. De là encore l'appel fait à
de nouveaux colons par ces riches productions, et une
population européenne qui pourrait égaler en nombre
celle des indigènes, résultat que l'on doit se hâter d'obtenir pour rendre l'occupation définitive ; car si une
guerre maritime survenait, il faudrait que l'Algérie pût
se défendre et se suffire à elle-même ; qu'elle n'eût pas
à redouter un autre Spartacus ; ou, comme de nos jours
à Saint-Domingue, que les esclaves s'étant comptés,
n'exterminassent leurs maîtres. Il faudrait surtout que,
la guerre maritime survenant, les indigènes eussent
perdu beaucoup de leur humeur guerrière, ce qui arriverait si, pendant la paix qui leur serait donnée, les uns
s'appliquaient à l'étude des lois et les autres à la culture
des champs pour en obtenir des produits aussi riches
que ceux des tribus européennes. Nul doute que les
connaissances de ces dernières en agriculture étant su-
périeures à celles des nationaux, ne contribuassent à ex-

citer l'émulation et le zèle, et à faire, d'un peuple paresseux et guerrier, un peuple actif et agriculteur. Enfin, un collége arabe établi à Alger, quelque coûteux qu'il fût d'abord, rendrait bientôt l'argent qu'il aurait coûté, en permettant de retirer une partie des troupes qu'on est obligé d'y entretenir; et en appelant à la capitale de la colonie les parents des élèves, visites qui, établissant des rapports fréquents entre les chefs des tribus et ceux de notre administration, contribueraient au succès de la colonisation, et assureraient notre domination.

Mais, me dira-t-on, l'éducation des jeunes Algériens ne nous profitera que dans un temps à venir. Les fruits seront tardifs, sans doute; mais si l'on veut conserver ce pays, est-il bien sage de ne s'occuper que du présent? Si lors de la conquête, il y a quinze ans, on eût établi le collége que je propose, on en retirerait aujourd'hui les avantages qu'il nous promet pour l'avenir. Ce qu'on n'a pas fait alors et qui aurait paru précoce, on doit le faire aujourd'hui. Un fait dont j'ai été témoin, il y a plus de dix ans, dans notre colonie, sera ici d'un grand enseignement; et quoique pris dans l'ordre matériel, il n'en sera pas moins très-instructif; que l'on me permette de le rapporter. Lorsque nous prîmes possession de l'Algérie, le territoire d'Alger était couvert d'oliviers sauvages très-beaux. Plusieurs des nouveaux propriétaires, nouvelle bande noire, abattirent ces arbres pour en faire du bois à brûler. Que leur en reste-t-il maintenant? D'autres plus sages les greffèrent, et aujourd'hui ils en retirent d'abon-

dantes récoltes. Faisons comme ces derniers, greffons
l'éducation et le savoir sur ces hommes sauvages, et l'a-
venir nous en payera amplement.

Comment parviendra-t-on à obtenir la réunion des fils
des chefs dans ce collége ? C'est ce que je laisse à décider
aux hommes d'Etat. Là dessus je m'abstiens de dire mon
sentiment.

N. B. Tout le monde comprendra le mérite de cette autre considé-
ration non moins propre à faire sentir combien il importe d'assurer
la conquête de l'Algérie, savoir : que lorsque les chemins de fer seront
terminés, on ira dans vingt-quatre heures de Paris à la Méditerranée
et que deux jours après on pourra être en Afrique, ce qui placera
Alger en quelque sorte aux portes de Paris, et fera que le Parisien,
autant pour ses affaires que pour son plaisir, franchira avec la plus
grande facilité la distance qui sépare les deux capitales, et portera
son industrie en Afrique avec le même empressement qu'il met à aller
s'établir sur tous les points de l'Atlantique et même dans des régions
plus lointaines où il ne peut espérer de trouver la protection qui lui est
assurée en Algérie.

www.ingramcontent.com/pod-product-compliance
Lightning Source LLC
Chambersburg PA
CBHW061816040426
42447CB00011B/2687